Herejías elegiacas

Herejías elegiacas

Jaime D. Álvarez

eolas
poesía

*Para Lucía Hidalgo de Caviedes
y Pablo Fernández-Flores,
en deuda de gratitud.*

Para mis vecinos de infancia Isabel y Jose,
In memoriam.

I. AIRE MORTAL
(Restos de rabia)

Para mi prima Sonia, quien hace tiempo que descansa.
Y para mi tía Luz, sus cenizas (como las de su hija) son azules.

1
Ira de cenizas

I

Ella —tú—, la puerta sin luz,
el cuarto en una oscuridad pétrea,
vacía. No hay ciudad. Tras la puerta sin luz,
no llegan noticias ni del día ni de la noche,
aunque es inminente la irisación azul
que crea el rocío y la tierra, separa tiniebla y tiniebla,
su mantra invertido a los vivos invoca: ¡estáis vivos!,
estrepitosa rutina, exaltación serena.
No hay ciudad
en la inminente irisación azul.

No, no hay ciudad, ni siquiera irisación. La vida oculta
su sepulcro arqueológico
con el fin de cegarnos, para que triunfe su engaño.
No. De la vida de ella —tu vida—, un rastro calcinado
en bocas de ceniza, astillas
de órganos vociferantes que rasgan cada confianza.
Mirad a otro lado, no querréis acoger
el don de violencia que hubo en ti —en ella—.
No te miramos —te miran— sino de soslayo,
con pócimas de piedad

que pervierten tu desmembrado clamoreo,
tu pavor, tu reclamo.

Cada cual mira hogar adentro (esa puerta sin luz ya
    sempiterna),
secretando flujo celestial
de lodazal
con frenesí de gusanos rojos.

¡No!, ya no aparecerá más el azul
en la hendidura del negro,
cuando los del tugurio angelical
susurren el evangelio de la carcoma.

II

Bajo el amparo de huesos sin carne apenas,
de polvo de hueso con forma de pájaros,
de pájaro descuartizado en los cielos, de cielo aire sólo aire,
los miembros de la comitiva regresan, culpables
por metástasis melodiosas de llanto;
desperdigados los gusanos deudos,
huérfanos, chapoteando torpemente
en aquel aire sólo aire del atardecer.

2
Tu eternidad

I

Era noche oscura pero yerma en el interior.
Afuera, mal se distinguía el verde del descampado,
con sus túmulos grises, de la medio hundida flota
de edificios y desamparos y adolescentes
a machetazos y consciencias titilantes.

No se filtraba luz por el marco de la puerta ni por la ventana,
como si un artesano las hubiese sellado
antes de asfixiarse en su obra,
y tu cuerpo proscrito se contornease sobre el lecho,
convulsión de brazos y piernas
cosidos al bajísimo firmamento…

¿Por qué te encerraste
en la perfección de aquella clausura?
(Reina del espectro caquéxico,
¿es acaso tuya la fe de cacaseno que farfullo?
Pomposo horizonte de empatía,
hermenéutica soez, mutilación estoica, imperial
        fingimiento).

Lenta triunfa tu gangrena adolescente,
aquel cuerpo y aquel cuarto, desleídos
en una misma oscuridad.

II

El celuloide atascado que no puede sino incendiarse,
la nada que escapa de su pulsión —tan procaz—
y finge negarse a sí misma, alentar una vida digna,
pero en vez de ello (mucho tiempo llevamos ardiendo)
su aire lascivo revienta
las compuertas del vertedero.

III

Dentelladas de hacha en la puerta interrumpen
la oscuridad pétrea, vacía, del cuarto,
y tu cuerpo yace yerto entre musgos blancos,
bajo una polvareda de insectos en pleno festín.

Siempre quise saber, aunque nunca he preguntado,
cómo fue su desacato...
antes de la aflicción del hallazgo.
¿Sus espíritus animales en estampida
tras taladrar un muro de vísceras raquíticas
y, en su enajenación, arrastrarla hacia el aire inmisericorde?
¿O la soga o la pistola del cuento ruso, consumación
    postrera
de un insignificante detalle,
o una ingesta lisérgica abundante y sin goce,
o benzos y barbitúricos a mansalva, tras un maniaca
    recolecta,
o metileno o cualquier lejía o aguarrás o arsénico...?
¿O no fue sino la pantagruélica inanición
de su fecundidad malograda?

Tú, que desafiabas al aire,
desconsiderada y terca.

Ahora, retumba en tu corrupción el metal
de la evidencia más antigua,
pantomima de seriedad absoluta:
la del total extravío del cuerpo
—de un cielo cadavérico, agónicas arcadas—,
tu cuerpo tu cuerpo infausto,
la vil eternidad.

3
Sus noches

I

La más recóndita potencia del Alma los sobresalta.
Desde la mirada de un vigía impío
focos de inmundicia inundan su cama,
fomentando el extravío de un sueño
que oculta la asechanza fúnebre.

Querrían cuanto antes liberarse
de sus cadenas de tela blanca…
Dos cuerpos ateridos
en una diminuta Antártida,
los ojos sin párpados, el corazón
en deshielo, con la consciencia nublada
de los despiertos durmientes, acongojados.

Sin saber cómo se sublevan
contra el desasosiego que a esas horas les hechiza.
Aullando una nana silencian
el cuento que invade a su hija,
esa voz luminosa que lee mares y barcos y piratas,
pálidos monstruos y cochecitos rotos —pero jamás
    muñecas—,

que con tal mimo los lee
que la sien de la niña infestará.

Quedan exhaustos, en vilo, serenidad azul ...

II

Sigilosa insiste la voz desalmada.
Dormitan entre cadenas blancas retorcidas, en alerta
por un resorte interno que tantea la amenaza
al igual que la piel el frío,
pero frío y amenaza llegarán a ser irrelevantes
cuando queden desahuciados por aquella voz
pertinaz como el aire mortal.

Todos sus desvelos y cuidados, desperdicios
en el blanco lecho forense de una duna.

III

Caminan, sonámbulos
—fútil sublevación, vesánica
la carcajada de la esperanza—,
rotas ya tarde las cadenas blancas, caminan …
Se dejan ver por las callejas
forzosas del porvenir.

4
Tu tótem

I

Recuerdo una gata de mirada vivaz que se quedó tuerta,
que está tuerta…
En su mundo de mentiras, plano, indiscernibles
para ella los peligros, sus temores deslizando a destiempo
garras protectoras, sin protección y sin ella saberlo, la
      recuerdo
a la expectativa, piel anegada, instinto mutilado,
y el instinto mutilado, la recuerdo.

Pero tus ojos de niña, sacralidad sin ausencia,
velaban la vida improbable de una bestia
desterrada de su patria sensorial:
la vida
tormenta de euforia hiriente
goteo que se coagula en furia
carnalidad en el limbo
la vida
la vida…

II

Allá por las infancias del Medievo,
la gata saltó un día de tu lecho,
y confiando en sus ojos de iris cobrizo
escapó al mundo que creía su dominio, aventurándose
a la caza del gorrión …

Plenitud del universo,
crueldad desnuda que naturalmente acoge
a cualquier bestia exultante en pos
de un pedazo negro de sí misma.
Y el gorrión cae por sorpresa sin comprender
su papel de víctima, de ocasión, de símbolo,
de prístina carne
en el asqueroso mordisqueo.

Y es la gloria de la gata.
Y la humanidad aplaudiría
si no estuviese ensimismada en su senectud.
Y al morder con fiereza el relámpago, la gata
violenta el fortín gótico de tu niñez.

III

Ya demasiado tarde, revives
(porque estás muerta)
sin palpar a la gata en la luz tenue del duermevela,
cuando la noche bubónica
milagrosamente cesa.
No la encontrarás tampoco a la luz vidriosa
de tu aún envenenado amanecer,
no confirmado por los ojos necesarios de la gata
que sanan la erosión de tus noches.

La gata no está.
Ha echado a correr
por las sinuosidades del reino,
despreciando tu amoroso celo.
Y el cielo cárdeno es una burla siniestra,
y bajo él la gata puede consumirse,
y no dejar rastro.

Incrustado en el celaje perenne del lobo
tu alba es ahora pesadez romántica,
desconsuelo militante

(el maleficio ha extinguido la taumaturgia del tótem),
y en adelante los días
no serán sino hordas rabiosas.
Pandemia que se disemina,
dragón repulsivamente real.

Te ofuscas por la traición de la gata,
te olvidas
y te olvidas de ti misma.
Toda tu vida llora por ella,
tus lágrimas de ácido
desfiguran el porvenir, tu cólera
sin sino delata, como en un primer suicidio,
la obscena transparencia de tu cuerpo,
tu cuerpo residual.

En tanto que la gata,
ignora —fanática de su perfección felina—
la voluptuosa trampa que esconde el gorrión.

IV

La niña ya no niña mirará atrás,
y ve a la gata empujada por un viento de cal.
La encontraste primero sin respiración y, tras despertar del
    golpe,
la gata sin un ojo,
sin la emoción del instinto, inoculando en tus venas
ponzoña que esquilma las huestes
despavoridas de tu inteligencia.

La gata con su único ojo, iris de óxido,
vuelve por fin a tu tálamo irónico.
Restalla en su regreso efímera supervivencia
con tus padres allá lejos, amordazados por sábanas blancas,
impotentes ante la voz del exterminio.

Y el lecho presagia ya la mera putrefacción del aire,
más antigua que el sortilegio del río,
absoluta como un infante que se ahorca,
deshabitada como toda evidencia.

5
Su juventud

I

Irían contra corriente,
en la cresta de la ola del Tiempo,
hacia el devenir puro del altruismo,
ola naciente repetida
en variaciones de un baile sin muerte.

Su vocación de voces e imágenes.
En la selva de los niños, pintar un rayo,
plantar árboles sonoros como edificios blancos,
establecer una evidencia de bondad, evidencia
contra toda evidencia, en la epopeya agridulce del día a día.

Adorar de la juventud, su duración,
lo que de ella persiste como hermosa herejía.

Y, en lo más alto, la expectación del cielo
por el fruto del alumbramiento,
milagrosa irrupción de aire recién nacido
en aquel llanto primigenio,
en aquel fulgor rosado y acuoso
como escultura de río.

II

Liturgia artesanal del aula, bullicio de ingenuidad
de dos niños pastores
entre niños en edades turbulentas.
Hechizados todos por esa luz
de refugio esencial, reforzado más y más
en la nitidez inquieta de su fragilidad.
(Un árbol azulado a punto de resquebrajarse,
niña… adolescente,
siempre un poco más lejos el tronco y ramas y brotes y
      hojas;
las raíces inmaculadas enmarañándose en rizomas,
su rumbo pervirtiendo ya en las mismas entrañas).

Viaje con su recién nacida, niña alejándose
inadvertidamente de sus niños padres,
de niños que caminan a su lado,
de futuras edades.

III

Insolentes los pasos de tus padres
en rebelión contra la tiranía del viento,
inmersos en la Vida Nueva —hacia el Hombre Nuevo—,
en la cima de sus vidas y de su tiempo,
persuadidos por la pureza, el devenir, el altruismo.

Mientras, aquella voz solidificando
la piedra en tu corazón,
helando soterradamente las venas del ensueño.
Y ellos, sin presentir aún la fatalidad de esa piedra
que el forense extirpará algún día
en el lecho blanco, hiriente, de una duna.

6
Hado

Sin una sola lágrima el cielo
de espanto azul.
No supe nada, ni nada percibo
salvo el clamor en el que aún vivimos tu lejanía,
tan contaminada como inmarcesible.
Elegía sin lágrimas:
poética de la indigencia, de la infamia, de la impostura.

Con todo, como eco de tu perdición,
azul serenidad.

Nítida emerge la isla de tu renacimiento,
oasis de milésimas de ilusión. Isla
de ensalmo, que enseguida habrá de desbaratar
tu acendrada voluntad de abandono,
que es también la mía.
(Aquel cúmulo de pulsiones procrea —esquilma—
el reinado de residuos que nos somete y mutila
al modo de niñas deformes).

No querías regresar a estas trincheras

por las que yo aún peno,
ni escuchar tantísimas confesiones de místicas aleladas
—maligno el mandato eclesial de santificar anoréxicas—:
máquina histeria, implacable, de huesos
que despedaza afectos emociones sentimientos deseos.

¿Qué adioses para abolir la despedida?
¿Qué epitafios para que este aniversario se torne sin fin,
para proseguir el mimo de tu cuerpo residual,
quemado por lágrimas
que niegan cualquier dicha,
que son tiniebla estéril, que prenden pesadumbre?

¿Cómo asumir la monstruosidad de tu cuerpo transparente
al contemplar tus fotografías,
tan volubles, tan oníricas y agitadas, reverberaciones
de cada instante secreto?

En la sinrazón, según sentencia de un Cronos
misericordioso, enajenado por pena
y asco y redención, tal vez alcancemos
la rara estrella común que hermana a muertos y vivos,
sin que sepamos quién mira a quién,
qué alquimia es de sonámbulos consuelo.

Aquella gata tuerta de tus desvelos.

Su ojo de óxido nos protege desde las turbulencias de tu
    alma.
Su cuerpecillo volátil se aventura en mi sueño y en mi
    vigilia.
Debe ser esta turbación vestigio sacrosanto
o apostasía de lo que nos incumbe: la insinuación dañina
de la felicidad, la flor sucia —convulsa—
y su sórdida nieve primaveral, el malentendido, la quimera.

Y dejarnos llevar por lo que queda de ti,
un destino de casas aisladas, que no son ni hogares ni
    ciudad.
Emulsión cacofónica de parias
que rasga erosiona desfigura al ensoberbecido aire.
¡El Aire!, esa ciencia escabrosa
inyecta su imponente entidad
en la catatonia de otro día y de otro y de otro,
con el nulo Azar y el Hado inútil
como coartadas de ocultación marina.

Borrastre, verano del 2008 – Madrid, a 3 de julio de 2024

II. COMPASIÓN
ENTRE SUPLICANTES
(Una despedida)

Para ti, mamá, mientras agonizas.

1
Saña y amor

I

Mi madre es una niña enferma, una niña de pocos meses
que sólo sufre y muere y se pone a berrear y
    ¡ayayayayayayay!,
del mismo modo que cuando era fuerte y poderosa
ejercía su tiranía sobre el hogar
con ensimismada e implacable resolución;
no hay diferencia alguna entre la que agoniza hasta el fin de
    los tiempos
y la que imponía su terror y brillo.
Es el mismo ser arrollado por obsesiones, amor y ceguera.

Su amor sigue chapoteando entre su mente y la mía.

La tenemos y se tiene y la tienen presa
en una celda sin paredes
ni barrotes ni agua ni exterior. Ni suciedad
ni lejanía
ni momentos
ni nada de nada de lo que no albergue también la piedra o el
    árbol,
pero el dolor de ser viva la avasalla

con el peso impío del Espíritu Absoluto
que aplasta la Tierra y a sus parásitos.

II

Tus gotitas de amor son las gotitas de veneno
que tú y yo nos suministramos mientras los dos vivíamos,
o cuando tú agonizabas
y conmigo la muerte se comportaba como una
    calientapollas,
o yo agonizaba y tú me maldecías,
o yo te daba de hostias y tú ni siquiera atisbabas
tu repulsión hacia aquellos que se te oponían
y eran distintos e iguales a ti
(pertenezco sólo yo a tan áspero linaje,
y tú cosías mi boca sin gnosis ni barbarie).

III

No hay que permanecer ahora junto a ti más tiempo del
    debido,
podría abrasarnos los ojos el áspid que te ronda,
podríamos tropezar y rompernos la crisma
contra el suelo inexistente de tu celda,
dar tumbos en la nieve sucia de las paredes que te confinan,
ahorcarnos con la luz degollada de los barrotes,
como hiciste o hicimos o hice o hicieron contigo.
Ya no regresaríamos
a los árboles en llamas y a las ciudades humeantes,
y el reptil siempre allí pero sin que sepamos dónde,
manteniendo su asechanza sin cumplirla,
el puro espanto de una supervivencia en vilo.

Yo te cojo y te acuno
y querría no dejar jamás de hacerlo,
pero pronto ya no serás siquiera un niña deforme en mis
    brazos,
sino una momia a la que violan una y otra vez
las aves crepitantes,
con su pico roto y su plumaje exangüe

sus alas de fruta podrida
sus ojitos de grasa tibia.

Siguen envileciéndose tus jirones neuronales
mecidos por el oleaje del céfiro
que no se refrena con la resaca —parsimonia del suplicio—,
aunque todo en ti sea residuo y reflujo.

IV

Para que luego y ya antes nos venga la fatua Neurociencia
con sus andares de gallina decapitada,
vendiendo su poso de saber de saldo;
esa promisoria Nueva Ciencia ciénaga,
tan persuadida de su progreso
que sabemos póstumo para ti y para todos:
el burócrata cetrino del cerebro
se pavonea en la noche más idiota
y nos ordena ¡restregadle risperidona!

Con carcajada de verdugo implorante lo hacemos,
embutimos tu alma en el cieno del neuroléptico
(paradoja adversa —advertiría la lengua de Hipócrates—,
pero la ha sajado el neurosádico,
banal entre bostezos).

Y tu cuerpo de marioneta aúlla
y es como yo vaticiné,
porque mi cuerpo en otros ámbitos aulló de tal forma
(nuestra comunión química, tan exorbitada).

Aún chapotea amor entre tu mente hecha papilla y el temblor de la mía ...

V

Tan lejísimo el sepulcro que haya de tachar
el yerro de este luto insidioso y sin tino,
para que podamos afrontar el otro…
(no es muy improbable, sin embargo, que mi padre o yo
alcancemos antes esa dicha paliativa).
Pero aunque sí te nos adelantes
(y ello es lo más probable),
ya estaremos resecos como el río del ensueño
ante el rojo desahuciado de la lucidez,
y nuestros cuerpos despellejados
bajo rutina y ruina sacrificial,
a la intemperie demoníaca de la culpa.

¿Por qué aún ahora ronda el áspid
siempre en la milésima anterior
de lanzarse sobre mis genitales
y hacer lasciva la Unidad del Dolor,
donde el Espíritu Absoluto balbucea
su babosa risotada de subnormal de mierda?

2
Fusión sin llanto

«Flow my tears,
the policeman said».

PHILIP K. DICK

I

Mi madre es una niña
golpeada por todos que gatea
entre el olor a rocío meado y antisepsia,
entre las gracias entrañables de su compañera María:
    ¡pegapegapega!,
que desparece por excesos letárgicos,
que sólo cuando la charca de alcaloides reduce su toxicidad
abre un ojo más que el otro,
e incluso se solivianta por mi rostro
tan mimado por el ácido,
o se enternece con el gozne de una puerta
y su rumor fantasmal.

Allí seguramente zigzaguea inmortal el reptil,
y qué horror y qué horror *¡y ayayayayay!*
Ante la tibieza luciferina con que nos acecha,
giro tu cuerpecillo hacia mí
en un paso de baile desmañado
(tu amor entre tu mente y la mía, aún);
y durante un segundo ahuyenta nuestra coreografía
el resentimiento furioso del áspid.

No hace más de un mes glacial que soy tu lazarillo
a través de pasillos atestados por ancianos siderales,
electrificando con aquel bolero *¡y tú y tú y tú! me importas tú*
el último hilo de cobre de tu memoria.

II

La luz
de la aflicción sumisa y roja que instigabas en tu reinado
es ya mismo (hora malvada de presagios)
un granito reseco
de mil millones de toneladas de sangre negra. Tu amor
(y es un amor de nadie)
sigue chapoteando entre tu mente y la mía,
bajo la desolación de aquélla, tu luminaria,
hiperactiva, tenaz, sin doblez, nociva.

¿Cuántas contriciones y designios y naufragios caben
dentro de este escribir frenético, flotan en el corazón
de un animalillo desvalido, tú,
ante la inminencia del turbión, mamá,
cuántas gotas de indecencia todavía han de calarnos
y son sagradas?

III

Todos aquí somos deshechos célicos.
No nos importa mancharnos
con la caspa de estrellas que satura el Universo
ensimismado en su senectud sin fin;
aunque ni el cinturón de Kuiper ni la constelación
    Andrómeda,
ni siquiera el más allá del muro de la gravedad cuántica
hicieren que afluyan las lágrimas,
¡qué lamento de culpa hijoputa, esta gelidez astral!

Te digo y tú me escuchas y es lo único que escuchas
que tu amor sigue chapoteando entre tu mente y en la mía:
te quiero ¿me quieres? Sí. Un besito *muak muak* …
Te perdono ¿me perdonas? Sí. ¡Qué bien,
nos perdonamos! *muak muak* …

(Tus compañeros de desaparición y sus suplicantes,
atónitos al vernos abrazados, con ímpetu infantil,
en este margen aciago de ternura y servidumbre).

IV

Descomunal el propósito del hierro
por ser yerba.
Fluyan mis lágrimas, susurro
desde la autoridad ridícula de la compasión,
sin el deseable rigor policial.
No fluyen, ¡condenadas!,
todo se queda en esta infinitesimal ofrenda, indiscernible
de las imprecaciones de tu cuerpo, mamá, de mi cuerpo,
estenografía acatísica
latido totalitario
domicilio del alma desconocido
megalópolis afásica.

Tu sufres mamá y nada más nada más nada más,
pero tus párpados lacerados y tus ojos de loza se aprestan a
    resistir
para que yo al fin me ponga en fuga,
antes de que los pájaros de la violación
irrumpan ineluctables.

Madrid, diciembre de 2019

Índice

I. AIRE MORTAL
(Restos de rabia)

II. COMPASIÓN ENTRE SUPLICANTES
(Una despedida)

Colección

AURA

Primera edición:
marzo de 2025

© Jaime D. Álvarez, 2025

© de esta edición: Eolas ediciones

www.eolasediciones.es

Dirección editorial: Héctor Escobar
Diseño y maquetación: Alberto R. Torices
Imagen de cubierta: Jorge Diezma
Fotografía del autor: Daniel Díez

ISBN: 978-84-10057-91-3
Depósito Legal: LE 81-2025

www.conlicencia.com · 91 702 19 70 / 93 272 04 47

Impreso en España

AURA